TANJA DUSY

BUDDHA BOWLS

VEGETARISCH

FRISCHE
+ GESUNDE
REZEPTE FÜR
BUNTE
BOWLS

EMF

EIN BUCH DER
EDITION MICHAEL FISCHER

INHALT

VEGETARISCH

VEGAN

VEGGIE-BUDDHA-BOWLS
UNKOMPLIZIERT, SIMPEL UND VARIABEL

Allein durch ihre ausgewogene Nährwertzusammenstellung sind Buddha-Bowls genau richtig für alle, die auf gesunde Art und Weise angenehm und lange satt werden wollen. Doch Buddha Bowls befriedigen im besten Fall nicht nur den Körper, sondern auch die Seele: mit verschiedensten Aromen und vielfältigen Texturen, die sich in einer Schüssel zu einem harmonischen Ganzen zusammenfügen: Eine neutrale Grundlage wie Reis oder Getreide, darauf knackige Rohkost, Ofengemüse mit feinen Röstaromen, weiche Avocado und eine cremige Sauce mit einem Hauch Schärfe, kombiniert mit einem spicy Nuss-Topping. Erst zusammen entfalten sie später auf der Zunge ständig neue, aufregende Geschmackserlebnisse.

Darum sollte sich eine gute Bowl möglichst immer aus einigen verschiedenen Grundkomponenten zusammensetzen: eine mittelgroße Getreidebasis, viel Gemüse in Form von Rohkost, gegartem oder auch mal eingelegtem Gemüse, etwas Veggie-Protein, eine alles verbindende Sauce oder ein Dressing und eventuell noch etwas Crunch durch Nüsse oder Saaten. Das alles zu- und vorzubereiten macht natürlich Arbeit.

Um trotzdem einfach und schnellstmöglich genießen zu können, sind alle Rezepte in diesem Buch so aufgebaut, dass die Zubereitung der einzelnen Komponenten so intelligent wie möglich aufeinander aufbaut: Während das Basisgetreide gart und die Gemüsebeilage im Ofen gart, wird flink Rohkost geraspelt und die kalte Sauce püriert. Also kaum eine Bowl, bei der man länger arbeitet, als es braucht, die Getreidebasis zu garen – nach rund 30 Minuten steht die fertige Schüssel auf dem Tisch! Und dauert es einmal länger, liegt es wirklich daran, dass etwas ganz alleine und ohne zusätzliche Arbeit im Ofen gart oder mal im Kühlschrank zieht.

Bestimmte komplexere Komponenten wie eine Sauce, ein Gemüse oder ein marinierter Tofu sind innerhalb der Rezeptliste gesondert aufgeführt. So kann man beim Arbeiten alle dazu nötigen Zutaten auf einen Blick erfassen; und was noch besser ist: Man kann einzelne Komponenten weglassen oder sie mit denen aus einem anderen Rezept kombinieren. Perfekt also, wenn es mal zu stressig oder zu knapp wird – der Fantasie sind keine Grenzen gesetzt!

Alle Bowl-Rezepte sind für eine Menge von 2 Portionen berechnet.

LEGENDE

NACH DIESER ZEIT STEHT DIE BOWL FERTIG AUF DEM TISCH

VEGETARISCHER GENUSS

VEGANER GENUSS AUCH OHNE EI UND MILCH

WIRD TEILWEISE IM OFEN ZUBEREITET – DIE TEMPERATURANGABEN BEZIEHEN SICH AUF DAS BACKEN MIT OBER- UND UNTERHITZE.

BUCHWEIZEN – DINKEL WEISSE QUINOA – HIRSE – REIS

ZUTATEN

125 g der jeweiligen Getreidesorte

Salz

SO GEHT'S

125 g der jeweiligen Getreidesorte mit 250 ml leicht gesalzenem Wasser (ein 1 : 2-Verhältnis Getreide zu Wasser) aufkochen, 1 Minute sprudelnd kochen lassen, dann auf kleiner Stufe zugedeckt 15–20 Minuten garen. Anschließend auf ausgeschalteter warmer Herdplatte weitere 10 Minuten ausquellen lassen.

TIPP

Quinoa sollte man generell vor dem Garen in einem feinem Sieb gründlich mit heißem Wasser durchspülen, um so die Bitterstoffe abzuwaschen, wobei weiße Quinoa wesentlich weniger davon enthält. Rote und schwarze Quinoa braucht etwas mehr Wasser als weiße (2 ½-fache Menge statt 2-fache: für 125 g also 380 ml).

Super easy:
Neu im Handel ist Basmatini-Reis: nur etwa halb so große Körner der beliebten Reissorte, die in 8–10 Minuten fertig garen!

NATURREIS

SO GEHT'S

Den Reis mehrmals gründlich unter kaltem Wasser abspülen und 10–30 Minuten in kaltem Wasser einweichen lassen. In ein Sieb abgießen, nochmals spülen und abtropfen lassen. 220 ml Wasser aufkochen, leicht salzen und 100 g Vollkornreis hineingeben.
2 Minuten sprudelnd kochen lassen, dann zugedeckt bei kleiner Hitze 30–40 Minuten garen. Anschließend auf ausgeschalteter warmer Herdplatte weitere 10 Minuten ausquellen lassen.

QUINOA-MIX

ZUTATEN

45 g rote Quinoa

60 g Hirse

20 g Buchweizen

SO GEHT'S

Die Quinoa in ein Sieb geben und gründlich unter heißem Wasser abbrausen, um die Bitterstoffe herauszuwaschen. In einem Topf 280 ml Wasser aufkochen und leicht salzen. Die Quinoa, die Hirse und den Buchweizen zugeben und 1 Minute sprudelnd kochen lassen. Dann zugedeckt bei kleiner Hitze 15–20 Minuten garen und 10–15 Minuten auf ausgeschalteter warmer Herdplatte ausquellen lassen.

COUSCOUS

ZUTATEN

120 g Instant-Couscous

¼ TL Salz

1 EL Olivenöl oder 1 TL Butter

SO GEHT'S

Den Instant-Couscous mit dem Salz in einen Topf geben. Im Wasserkocher 125 ml kochend heißes Wasser erhitzen und dieses darauf gießen. Auf kleinster Garstufe 5–10 Minuten quellen lassen. Dann 1 EL Olivenöl oder 1 TL Butter mit einer Gabel unterrühren und dabei den Couscous leicht auflockern. Zugedeckt auf der ausgeschalteten, noch warmen Herdplatte weitere 10 Minuten ausquellen lassen.

BULGUR

ZUTATEN

100 g Bulgur

150 ml Gemüsebrühe (nach Belieben)

Salz

SO GEHT'S

Den Bulgur mit 150 ml Wasser oder Gemüsebrühe in einen Topf geben. Aufkochen, Wasser salzen, 1–2 Minuten kochen lassen und anschließend 20–25 Minuten bei kleiner Hitze zugedeckt garen.

HAPPY-COCO-BOWL

ZUTATEN

1 große Banane (s. Tipp)

2 Spritzer Zitronensaft

5 getrocknete (Medjool-)Datteln

400 ml Kokosdrink (s. Tipp)

120 g Haferflocken (blütenzart)

20 g Kokosflocken

1 ½ EL geschroteter (Gold-) Leinsamen

1 Baby-Ananas

125 g Himbeeren

2 EL Kakao-Nibs

2–3 EL Kokosspäne (nach Belieben)

SO GEHT'S

1 Die Banane schälen, in Stücke schneiden und im Zitronensaft wenden. Datteln halbieren, den Kern entfernen und die Hälften längs in feine Streifen schneiden. Die Hälfte davon mit der Banane, dem Kokosdrink, den Hafer- und Kokosflocken und den Leinsamen in einen Blender oder (Hochleistungs-)Mixer geben und auf höchster Stufe pürieren. Den Kokosbrei auf zwei Schalen verteilen und möglichst 10 Minuten ziehen lassen.

2 Währenddessen Schopf, Strunk und Schale der Baby-Ananas entfernen und das Fruchtfleisch der Länge nach vierteln oder achteln. Himbeeren vorsichtig waschen und trocken tupfen. Beeren und Ananasstücke auf dem Kokosbrei verteilen und mit den übrigen Dattelstreifen, Kakao-Nibs und nach Wunsch Kokosspänen anrichten und servieren.

TIPP

Kokosdrink ist ähnlich wie Mandeldrink, dünner als eine Kokosmilch in Dosen und weniger fetthaltig. Wer es üppiger mag, gönnt sich aber ruhig die Kokosmilch – am besten die etwas dünnflüssigere aus dem Tetrapack. Wer möchte, schält und schneidet die Banane am Abend zuvor in Scheiben und friert diese in einer Gefrierbox ein. Mit den übrigen Zutaten mitpüriert, gibt die gefrorene Banane dem Brei mehr Konsistenz, und man muss ihn nicht extra ziehen lassen.

VEGAN

CHIA-PUDDING-BOWL

ZUTATEN

125 g Himbeeren

⅓ Vanilleschote

350 ml Mandeldrink

4 EL Chiasamen

125 g Brom- oder Heidelbeeren

3 EL Mandelblättchen

2 EL Kokoschips

2 EL Agavendicksaft
(alternativ Ahornsirup)

SO GEHT'S

1 Etwa 100 g Himbeeren vorsichtig waschen. Die Vanilleschote längs halbieren, das Mark herauskratzen. Himbeeren und Vanillemark mit dem Mandeldrink pürieren und in ein verschließbares Glas geben. Chiasamen zugeben und gründlich unterrühren. Nach etwa 10–20 Minuten nochmals gut durchrühren, damit die Samen nicht zusammenklumpen. Das Glas verschließen und die Samen über Nacht im Kühlschrank quellen lassen.

2 Am nächsten Tag die übrigen Himbeeren und Brom- oder Heidelbeeren vorsichtig waschen und trocken tupfen. Mandelblättchen in einer Pfanne ohne Fett rösten, bis sie hell bräunen, dann herausnehmen und abkühlen lassen. Chia-Pudding in Schalen füllen, Beeren, Mandelblättchen und Kokoschips darauf verteilen. Mit Agavendicksaft süßen.

LAZY MORNING

Die Bowl eignet sich auch hervorragend zum Mitnehmen: Die Chiasamen einfach im Schraubglas mitnehmen, Beeren, Mandeln und Kokoschips separat einpacken und alles dann vor Ort anrichten – so kann man den Tag ganz ohne Stress starten.

VEGAN

BANANA-CHOC-BOWL

ZUTATEN

FÜR DIE SMOOTHIE-CREME

4 Bananen

100–120 ml Mandeldrink

1 ½ EL Erdnussmus

3 TL (Raw-)Kakaopulver

1 EL Kakao-Nibs

FÜR DAS TOPPING

1 EL Kürbiskerne

2 EL Pekannusskerne

1 TL Chiasamen

1 EL Kakao-Nibs

1 EL Blütenpollen

4 EL Heidelbeeren

2 EL Brombeeren

SO GEHT'S

1. Die Bananen schälen und in Scheiben schneiden. In eine Gefrierbox geben und 4 Stunden oder über Nacht im Gefrierfach durchfrieren lassen.
2. Für das Topping die Kürbiskerne in einer Pfanne rösten, bis sie knistern und duften, dann abkühlen lassen. Pekannüsse grob hacken und mit Kürbiskernen, Chiasamen, Kakao-Nibs und Blütenpollen mischen. Die Beeren waschen und trocken tupfen.
3. Die gefrorenen Bananenscheiben mit 100 ml Mandeldrink, Erdnussmus, Kakaopulver und -Nibs in den Hochleistungsmixer geben und fein pürieren, dabei eventuell noch etwas Mandeldrink nachgießen.
4. Die Smoothie-Creme in zwei Schalen füllen und nach Belieben mit dem Topping bestreuen.

AUSTAUSCHTIPP

Bei dem Topping handelt es sich um einen Vorschlag für eine gut kombinierte, äußerst leckere Mischung mit Gesundheitsplus – wer aber bestimmte Zutaten davon nicht im Haus hat oder mag, kann natürlich austauschen. Prima sind z. B. auch (Gold-)Leinsamen, Hanfsamen, Wal- oder Haselnüsse oder Mandeln.

VEGAN

GREEN-SMOOTHIE-BOWL

ZUTATEN

FÜR DIE SMOOTHIE-CREME

150 g Grünkohlblätter

120 g (Wurzel-)Spinat

3 Saft-Orangen

2 Äpfel

5 getrocknete (Medjool-)Datteln

AUSSERDEM

125 g Himbeeren

6 EL Granola (gekauft oder s. Tipp)

SO GEHT'S

1. Grünkohl und Spinat waschen, putzen und kleiner schneiden. Die Orangen halbieren und auspressen. Äpfel waschen, halbieren und in Stücke schneiden, dabei das Kerngehäuse entfernen. Die Datteln entsteinen und klein schneiden. Alles in den (Hochleistungs-)Mixer geben und fein pürieren.

2. Die Smoothie-Creme in Schalen füllen. Beeren vorsichtig waschen, trocken tupfen und ebenfalls darauf verteilen. Zum Schluss mit Granola bestreuen.

GRANOLA SELBST GEMACHT

100 g Haselnüsse grob hacken oder halbieren und mit 180 g Flocken (z. B. Dinkel-, Hafer- oder Mehrkornflocken), je 30 g Sesamsamen, Kürbiskernen und Sonnenblumenkernen und 40 g Kokosraspeln mischen. Mit 1 TL gemahlenem Zimt bestreuen. 5 EL flüssigen Honig oder Ahornsirup und 4 EL Sonnenblumenöl darüber geben und alles mit den Händen oder einem Löffel gut mischen, bis die Masse richtig klebrig ist. Auf ein mit Backpapier ausgelegtes Blech geben und gut verteilen. Im 180 °C heißen Ofen in 20–25 Minuten dunkelbraun backen, dabei eventuell ein- bis zweimal umrühren. Blech aus dem Ofen nehmen und Granola vollständig auskühlen lassen, anschließend in ein verschließbares Glas geben und für Smoothies, Müsli oder auf Joghurt verwenden.

VEGAN

PURPLE-SUPERFOOD-BOWL

ZUTATEN

FÜR DIE SMOOTHIE-CREME

1 reife Mango (ca. 380 g)

je 60 g TK-Him- und Brombeeren

100 g tiefgefrorenes Açaí-Mark (aus dem Bio-Laden)

Saft von 1 Orange

FÜR DAS TOPPING

125 g Heidelbeeren

1 kleine Banane

2 EL getrocknete Cranberrys

2 EL Goji-Beeren

SO GEHT'S

1. Mango schälen und vom Kern schneiden, das Fruchtfleisch grob würfeln und mit den gefrorenen Beeren in den Blender geben. Açaí-Mark in Stücke brechen und mit dem Orangensaft ebenfalls in den Blender geben. Alles fein pürieren.

2. Inzwischen für das Topping Heidelbeeren waschen und trocken tupfen. Banane schälen und in Scheiben schneiden.

3. Die Smoothie-Creme auf Schalen verteilen. Mit Bananen, Heidelbeeren, Cranberrys und Goji-Beeren garnieren.

AUSTAUSCHTIPP

Ideal dazu passen ein paar gehackte Nüsse oder etwas selbst gemachtes Granola (s. S. 14), die für extra Crunch zum Frühstück sorgen.

VEGAN

ORANGEN-COUSCOUS-BOWL

ZUTATEN

4 Bio-Orangen

200 g griechischer Joghurt (10 % Fettgehalt)

3 EL Honig

¾ TL gemahlener Zimt

125 g Instant-Couscous

1 EL Butter

1 EL Orangenblütenwasser (nach Belieben)

25 g Mandeln

25 g Pistazienkerne

2 EL Rosinen

½ Granatapfel

SO GEHT'S

1. Von 2 Orangen die Schale samt weißer Haut mit einem scharfen Messer entfernen. Anschließend die Fruchtfilets zwischen den Trennhäuten herausschneiden, dabei den Saft auffangen. 1 Orange heiß waschen und die Schale fein abreiben, dann beide Orangen halbieren und den Saft auspressen. 2–3 EL Saft mit dem Joghurt glatt verrühren. Den übrigen Saft zusammen mit dem aufgefangenen Saft durch ein feines Sieb gießen und, falls nötig, mit Wasser auf etwa 125 ml auffüllen.

2. Den Orangensaft in einem Topf mit ½ EL Honig, ¼ TL Zimt und der Orangenschale verrühren und zum Kochen bringen. Couscous hineingeben, dabei die Hitze sofort auf die kleinste Stufe reduzieren und den Couscous zugedeckt 10 Minuten quellen lassen. Dann Butter und nach Wunsch Orangenblütenwasser unterrühren und weitere 5 Minuten bei ausgeschaltetem Herd zugedeckt quellen lassen.

3. Inzwischen nacheinander erst die Mandeln, dann die Pistazien in einer Pfanne ohne Fett rösten, bis sie duften, danach herausnehmen, abkühlen lassen und grob hacken. Rosinen nach Belieben ebenfalls grob hacken. Granatapfelkerne aus den Trennwänden und der Schale herauslösen.

4. Den Couscous auf Schalen anrichten und mit dem übrigem Zimt bestreuen. Joghurt, Orangenfilets und Granatapfel darauf verteilen und mit Rosinen, Mandeln und Pistazienkernen verzieren. Mit übrigem Honig beträufeln und möglichst warm genießen.

LILA-WUNDER-BOWL

ZUTATEN

FÜR DAS APFELKOMPOTT

1 Apfel (z. B. Boskop)

1–2 EL Zitronensaft

1 Bio-Orange

1 Rote Bete (ca. 90 g)

120 g TK-Heidelbeeren

1 EL Rohrohrzucker

½ Stange Zimt

FÜR DAS PORRIDGE

250 ml Mandeldrink (s. Tipp)

80 g zarte Haferflocken

Salz

AUSSERDEM

2 EL Haselnussblättchen

125 g Brombeeren

SO GEHT'S

1 Den Apfel schälen, vierteln, das Kerngehäuse entfernen und die Viertel klein würfeln. Mit 1 EL Zitronensaft mischen und in einen Topf geben. Orange auspressen, den Saft dazugeben und alles zum Kochen bringen. Inzwischen die Rote Bete schälen und auf der Rohkostreibe fein raspeln (dazu Gummihandschuhe tragen, sie färbt stark ab). Rote Bete mit den gefrorenen Beeren, Zucker und der Zimtstange in den Topf geben und zugedeckt bei kleiner Hitze 20–25 Minuten weich garen, nach Wunsch mit Zitronensaft pürieren (dazu die Zimtstange vorher entfernen).

2 Währenddessen Mandeldrink mit 200–250 ml Wasser (je nachdem, wie flüssig man das Porridge mag) in einen Topf geben und zum Kochen bringen. Haferflocken einrühren, eine Prise Salz hinzufügen und bei kleiner Hitze zugedeckt ca. 10 Minuten leicht köcheln lassen, dabei ab und zu umrühren, damit nichts am Topfboden ansetzen kann.

3 Inzwischen die Haselnussblättchen in einer Pfanne ohne Fett rösten, bis sie leicht duften, dann herausnehmen und abkühlen lassen. Die Brombeeren vorsichtig waschen und trocken tupfen. Das fertige Porridge auf Schüsseln verteilen und das Apfel-Bete-Kompott darauf geben. Zum Schluss Brombeeren und Haselnussblättchen darauf verteilen.

AUSTAUSCHTIPP

Wer möchte, kann statt Mandeldrink natürlich auch normale Milch oder andere Nuss- oder Kokosmilch verwenden. Und wer keinen Porridge kochen will, lässt die Haferflocken über Nacht mit etwa 350 ml Mandeldrink in einem Schraubglas quellen und genießt am nächsten Tag kühle Overnight-Oats mit warmem Kompott.

VEGAN

JUWELEN-**BOWL**

ZUTATEN

FÜR DEN QUARK

8 getrocknete Feigen

1 Bio-Orange

1 Sternanis

⅓ Zimtstange

250 g Sahnequark

2 Msp. abgeriebene Schale einer Bio-Zitrone

1 EL flüssiger Honig

2 EL Pistazien

AUSSERDEM

80 g Kleinblatt-Haferflocken

Salz

3 EL Walnusskerne

1 Kaki

3 EL Granatapfelkerne

SO GEHT'S

1 Die Feigen in Stückchen schneiden. Die Orange waschen, abtrocknen, dann die Schale fein abreiben, den Saft auspressen. Saft mit 2 Msp. der Schale und den Gewürzen in einen kleinen Topf geben und aufkochen lassen. Feigen zugeben und alles bei schwacher Hitze 15 Minuten offen köcheln, dann abkühlen lassen. Die Gewürze entfernen, dann lauwarm abkühlen lassen.

2 Quark mit Zitronenschale und Honig glatt verrühren. Pistazien grob hacken und einen großen Teil davon unterrühren.

3 In einem kleinen Topf 450 ml Wasser zum Kochen bringen. Die Haferflocken einrühren, einmal unter Rühren aufkochen lassen, dann die Hitze reduzieren. Bei schwacher Hitze zugedeckt 10 Minuten ganz leicht köcheln lassen, dabei ab und zu umrühren, damit der Getreidebrei nicht am Topfboden ansetzt. Zuletzt mit etwas Salz abschmecken.

4 Währenddessen die Walnüsse grob hacken. Kaki waschen und quer in Scheiben schneiden, dabei den Stielansatz entfernen.

5 Haferflockenbrei auf Schalen verteilen, Kaki-Scheiben darauf legen, Quark danebensetzen, etwas Feigen samt Sud über Quark und Getreidebrei verteilen und alles mit den übrigen Pistazien bestreuen. Zum Abschluss mit Granatapfelkernen und Walnüssen toppen.

VEGETARISCH

TROPICAL-COCONUT-BOWL

ZUTATEN

FÜR DEN KOKOSREIS

½ Vanilleschote

400 ml Kokosmilch

180 g Milchreis

2 EL Rohrohrzucker

2–3 EL Limettensaft

FÜR DAS MANGOKOMPOTT

1 reife Mango (ca. 400 g)

¼ Vanilleschote

2 EL Rohrohrzucker

150 ml frisch gepresster Mandarinensaft

2 EL Limettensaft

AUSSERDEM

½ Papaya

3 EL Kokosraspel

kleine Minzeblätter zum Dekorieren

SO GEHT'S

1 Die Vanilleschote längs aufschlitzen und das Mark herauskratzen. Mark und Schote mit der Kokosmilch in einen Topf geben und aufkochen lassen. Reis und Zucker zugeben und zugedeckt bei schwacher Hitze 20–25 Minuten garen und ausquellen lassen; dabei gegen Ende mit Limettensaft abschmecken. Die Vanilleschote wieder herausnehmen.

2 Währenddessen für das Kompott Mango schälen, Fruchtfleisch schräg vom Stein schneiden und klein würfeln. Vanilleschote längs aufschlitzen, das Mark herauskratzen. Mark und Schote mit Zucker, Mandarinen- und Limettensaft in einen Topf geben und aufkochen. Offen bei schwacher Hitze 15 Minuten köcheln lassen. Dann die Mango hinzugeben und 3–5 Minuten mitköcheln, vom Herd nehmen und lauwarm abkühlen lassen.

3 Papaya schälen, entkernen und in Spalten schneiden. Die Kokosraspel in einer Pfanne ohne Fett rösten, bis sie duften und zu bräunen beginnen, anschließend abkühlen lassen. Minzeblätter waschen, trocken tupfen und eventuell klein schneiden.

4 Kokosreis auf Schalen verteilen, Mangokompott und Papayaspalten darauf geben und die Papaya mit Kokosraspel bestreuen. Zum Schluss mit Minzeblättern garnieren.

VEGAN

NO-BACON-NO-EGG-BOWL

ZUTATEN

FÜR EDAMAME & KOKOS-BACON:

3 EL Sojasauce

½ EL Bratöl

1 ½ EL Ahornsirup

250 g ausgelöste TK-Edamame (s. Tipp)

Salz – Pfeffer

1 EL Limettensaft

⅓ TL Pimentón de la vera

½ TL edelsüßes Paprikapulver

70 g Kokoschips

FÜR DEN SCRAMBLED TOFU

200 g Tofu

2 Frühlingszwiebeln

2–3 EL Olivenöl

½ TL Currypulver

Salz – Pfeffer

1 EL Sojasauce

5 EL Gemüsebrühe

AUSSERDEM

125 g Quinoa (s. S. 6)

150 g Kirschtomaten

6 Blätter Romanasalat

SO GEHT'S

1 Quinoa, wie auf S. 6 beschrieben, zubereiten. Währenddessen den Backofen auf 200 °C vorheizen, ein Blech mit Backpapier auslegen. Die Hälfte der Sojasauce mit Bratöl und ½ EL Ahornsirup verrühren. Edamame hineingeben, darin wenden und auf einer Seite des Blechs verteilen, salzen und pfeffern. Im heißen Ofen (Mitte) 15 Minuten garen, dabei einmal wenden.

2 Inzwischen die übrige Sojasauce und Ahornsirup mit Limettensaft, Pimentón de la vera, Paprikapulver, Salz und Pfeffer mischen und die Kokoschips gründlich darin wenden. Das Blech mit den Edamame kurz herausnehmen und die Kokochips auf der freien Seite des Blechs verteilen. Wieder in den Ofen schieben und weitere 8–10 Minuten backen, dabei zwischendurch ein- bis zweimal durchrühren.

3 Inzwischen die Tomaten waschen und halbieren, leicht salzen und pfeffern. Salatblätter waschen, trocken schütteln, übereinanderlegen und quer in Streifen schneiden.

4 Den Tofu gut mit Küchenpapier trocken tupfen, dann mit einer Gabel in Stücke zerbröckeln. Die Frühlingszwiebeln waschen, trocken schütteln und den weißen und grünen Teil getrennt in dünne Ringe schneiden. Das Öl in einer beschichteten Pfanne erhitzen, darin die weißen Zwiebelringe goldgelb andünsten. Tofu zugeben, mit Currypulver, Salz und Pfeffer würzen und etwa 2 Minuten unter Rühren braten. Sojasauce und Brühe zugeben und weitere 5 Minuten bei mittlerer Hitze unter gelegentlichem Rühren weiterbraten, bis die Flüssigkeit verkocht ist.

5 Quinoa auf Schalen verteilen, darauf die Edamame, Tomaten, Salat und den Scrambled Tofu verteilen. Kokos-Bacon darüber geben und alles mit den grünen Zwiebelringen bestreuen.

EDAMAME

Edamame sind unreife, grüne Sojabohnen, die man im Bio- oder Asienladen erhält. Dort gibt es sie meist in zwei Varianten: in den Schoten (die man eventuell entfernen kann) oder bereits ausgepalt.

OFEN

VEGAN

KNUSPER-KICHERERBSEN-BOWL

ZUTATEN

FÜR KICHERERBSEN & SÜSS-KARTOFFEL

1 Dose Kichererbsen (ca. 240 g Abtropfgewicht)

1 Süßkartoffel (ca. 350 g)

2 Knoblauchzehen

3 EL Olivenöl

2 TL gemahlener Kreuzkümmel

3 Msp. Chilipulver

Salz – Pfeffer

AUSSERDEM

125 g Bulgur (s. S. 7)

1 Orange

2 EL Joghurt (3,5 % Fettgehalt)

1 ½ EL Tahin (Sesammus)

3 EL Zitronensaft

1 Handvoll Rucola

2 Tomaten

1 Mini-Gurke

SO GEHT'S

1 Den Bulgur, wie auf S. 7 beschrieben, zubereiten. Gleichzeitig den Backofen auf 200 °C vorheizen und ein Blech mit Backpapier auslegen. Kichererbsen in ein Sieb abgießen, kalt abspülen und abtropfen lassen. Süßkartoffel mit dem Sparschäler schälen, putzen und in knapp 1 cm dicke Scheiben schneiden. Den Knoblauch schälen, 1 Zehe in ein Schälchen pressen und mit Öl, 1 ½ EL Kreuzkümmel und dem Chilipulver verrühren. Die Kichererbsen und Süßkartoffeln damit vermischen, nach Belieben salzen und pfeffern. Nun die Kartoffelscheiben aus den Kichererbsen herausfischen und auf dem Blech verteilen, Kichererbsen daneben flach auslegen. Im heißen Ofen (Mitte) 20–25 Minuten garen, dabei die Kichererbsen einmal durchrühren und die Kartoffelscheiben wenden.

2 Inzwischen von der Orange die Schale samt weißer Haut mit einem scharfen Messer wegschneiden. Die Orange quer in 1 cm breite Scheiben schneiden, diese in Stücke schneiden, dabei den Saft auffangen. Die übrige Knoblauchzehe in ein Schälchen pressen und mit Joghurt, Tahin, Zitronensaft, Orangensaft und 5–6 EL Wasser zu einer flüssigen Sauce verrühren, mit übrigem Kreuzkümmel, Salz und Pfeffer würzen.

3 Rucola waschen und trocken schleudern, eventuell grobe Stiele wegschneiden und Blätter kleiner zupfen. Tomaten halbieren, Stielansatz und Kerne entfernen, das Fruchtfleisch würfeln. Gurke waschen und in Scheiben schneiden oder in Streifen hobeln.

4 Kichererbsen und Süßkartoffeln aus dem Ofen nehmen. Bulgur auf Schalen verteilen, darauf die übrigen Zutaten anordnen und mit der Sauce servieren.

OFEN

VEGETARISCH

KAHVALTI **BOWL**

ZUTATEN

FÜR DAS DRESSING

2 Stiele Minze

200 g griechischer Joghurt (10 % Fettgehalt)

⅓ TL getrockneter Oregano

½–¾ TL Pul Biber

Salz – Pfeffer

AUSSERDEM

125 g Quinoa-Mix (s. S. 7)

100 g Schafskäse (z. B. Feta)

125 g Kirschtomaten

1 Mini-Gurke

5 Radieschen

125 g Baby-Spinat

1 Knoblauchzehe

1 EL Olivenöl

SO GEHT'S

1 Den Quinoa-Mix, wie auf Seite 7 beschrieben, zubereiten. Währenddessen den Schafskäse trocken tupfen und mit einer Gabel grob zerdrücken. Die Tomaten waschen, vierteln und dabei den Stielansatz wegschneiden. Die Gurke waschen, nach Wunsch von der Schale mit einem Sparschäler jeweils längs einen Streifen abziehen und einen stehen lassen, sodass ein Streifenmuster entsteht, dann die Gurke in dünne Scheiben schneiden. Die Radieschen waschen, putzen und in dünne Scheiben schneiden. Den Spinat ebenfalls waschen, verlesen und in einem Sieb gut abtropfen lassen. Den Knoblauch schälen und fein würfeln.

2 Für das Dressing die Minze kalt abspülen, trocken schütteln, Blättchen abzupfen und fein hacken. Mit dem Joghurt und Oregano verrühren und mit Pul Biber, Salz und Pfeffer nach Belieben mehr oder weniger scharf würzen.

3 Den fertigen Quinoa-Mix warm halten. In einem Topf das Öl erhitzen und den Knoblauch darin langsam andünsten. Dann die Hitze erhöhen, den nassen Spinat in den Topf geben und unter Rühren bei großer Hitze zusammenfallen lassen, salzen und pfeffern. In ein Sieb abgießen, mit einer Gabel die Garflüssigkeit aus dem Spinat drücken, dann leicht auflockern.

4 Den Quinoa-Mix auf Schalen verteilen, darauf Tomaten, Gurke, Radieschen, Schafskäse und ausgedrückten Spinat anordnen. Joghurtdressing in die Mitte geben und sofort servieren – wer will, streut noch etwas Minze und Pul Biber darüber.

VEGETARISCH

FRÜHLINGSGRÜN-BOWL

ZUTATEN

125 g Hirse (s. S. 6)

2 Eier (Größe M)

3 dünne Möhren

200 g TK-Erbsen

1 kleines Bund Radieschen

1 kleine Avocado

1 ½ EL Zitronensaft

2 Handvoll Kerbel

20 g Bärlauch

2 Stängel Estragon

120 g saure Sahne

Salz – Pfeffer

Rohrohrzucker

SO GEHT'S

1 Hirse, wie auf S. 6 beschrieben, garen und gegebenenfalls warm halten. Währenddessen die Eier in leicht kochendem Wasser in 8 Minuten garen, kalt abschrecken und leicht abkühlen lassen. Inzwischen die Möhren schälen und in ca. 3 mm dicke Scheiben schneiden. In einem Topf ausreichend Wasser kochen, darin die Möhren in 5–7 Minuten etwas mehr als bissfest garen, dabei nach etwa 3 Minuten Garzeit die gefrorenen Erbsen dazugeben. Anschließend beides in ein Sieb abgießen und abtropfen lassen.

2 Inzwischen Radieschen waschen, putzen und in feine Scheiben schneiden. Kern und Schale der Avocado entfernen, das Fruchtfleisch in Würfel schneiden und sofort mit 1 TL Zitronensaft mischen, damit es nicht braun wird.

3 Kerbel, Bärlauch und Estragon waschen und trocken schütteln. Vom Kerbel ein Drittel abnehmen und grob zerschneiden. Vom Bärlauch dicke Stiele wegschneiden, die Blätter klein schneiden, Estragonblätter abzupfen. Klein geschnittenen Kerbel, Bärlauch und Estragon mit 1 EL saure Sahne und übrigem Zitronensaft fein pürieren, dann restliche saure Sahne unterrühren und mit Salz, Pfeffer und 1 Prise Zucker würzen. Den übrigen Kerbel eventuell kleiner zupfen. Eier pellen und längs halbieren.

4 Die Hirse auf Schalen verteilen, darauf Möhren-Erbsen-Gemüse anrichten, daneben die Radieschen, Kerbel und Avocado. Die Eierhälften in der Mitte geben. Die Kräutersauce nach Belieben darüber träufeln und servieren.

VEGETARISCH

EARLY-SUMMER-BOWL

ZUTATEN

125 g Reis (s. S. 6, alternativ auch Wildreismischung)

500 g grüner Spargel

1 Bio-Zitrone

2–3 EL Olivenöl

Salz – Pfeffer

80 ml Aceto balsamico

1 ½ EL Rohrohrzucker

2 EL Pinienkerne

100 g Erdbeeren

80 g Baby-Spinat

120 g cremiger Ziegenkäse

3 EL saure Sahne

½ TL körniger Senf

2 Msp. abgeriebene Schale einer Bio-Zitrone

4 Stängel Basilikum

SO GEHT'S

1 Den Reis, wie auf S. 6 beschrieben, zubereiten und gegebenenfalls zugedeckt warm halten. Gleichzeitig den Backofen auf 225 °C vorheizen. Spargel waschen und die Stangen in der unteren Hälfte schälen (sehr dünne Stangen einfach so lassen). Die Stangen in einer möglichst passenden Form nebeneinander so dicht an dicht auslegen, dass keine Stangen übereinander liegen.

2 Die Zitrone heiß abwaschen, die Schale fein abreiben und den Saft auspressen. Die Hälfte des Saftes und der Schale auf dem Spargel verteilen. 2 EL Olivenöl darüber träufeln und mit Salz und Pfeffer würzen. Den Spargel im heißen Ofen (Mitte) ca. 25 Minuten garen, dabei ein- bis zweimal wenden, falls nötig, mit dem restlichen Olivenöl beträufeln.

3 Währenddessen Aceto balsamico und Zucker in einem kleinen Topf bei mittlerer Hitze unter Rühren 5 Minuten einköcheln lassen. Vom Herd nehmen und abkühlen lassen. Inzwischen Pinienkerne in einer Pfanne ohne Fett rösten, bis sie leicht bräunen, dann abkühlen lassen. Die Erdbeeren waschen, putzen und in Scheiben schneiden. Spinat waschen und trocken schleudern.

4 Ziegenkäse mit saurer Sahne und Senf verrühren. Mit 1 ½ EL Zitronensaft und Zitronenschale glatt verrühren. Basilikum waschen, trocken schütteln, die Blättchen abzupfen und in feine Streifen schneiden, die Hälfte unter die Ziegenkäsecreme rühren.

5 Reis auf Schalen verteilen, den Spargel auf eine Seite legen, daneben den Spinat mit den Erdbeeren (eventuell mischen). Jeweils einen Klecks Ziegenkäsecreme daneben oder in die Mitte setzen. Alles mit Balsamicoreduktion beträufeln und mit Basilikum und Pinienkernen bestreuen.

CREMA DI BALSAMICO

Wer Zeit sparen möchte, nimmt einfach fertige Crema di Balsamico – diese enthält jedoch oft mehr Zucker.

OFEN

VEGETARISCH

EASY-HERBST-BOWL

ZUTATEN

300 g Rosenkohl

2 Möhren

1 TL Rohrohrzucker

3 EL Aceto balsamico bianco

4 EL Olivenöl

1 TL körniger Senf

⅓ TL getrockneter Thymian

Salz – Pfeffer

Saft von 1–2 Orangen

125 g Dinkel (alternativ Reis)

1 Gelbe Bete

1 Handvoll Feldsalat

1 große Zwiebel

150 g veganer Mandeljoghurt (s. Tipp)

½ TL Currypulver

1 TL Ahornsirup (alternativ Agavendicksaft)

1 Avocado

SO GEHT'S

1 Den Backofen auf 220 °C vorheizen. Rosenkohl waschen, putzen und längs halbieren. Die Möhren schälen, putzen und schräg in ca. 5 mm dicke Stücke schneiden. Zucker mit Essig, 2 EL Olivenöl, Senf und getrocknetem Thymian in einer ofenfesten Form mischen. Das Gemüse hineingeben und alles gut vermengen, mit Salz und Pfeffer würzen. Im heißen Ofen (Mitte) ca. 20 Minuten garen. Danach 4–5 EL Orangensaft und knapp 1 EL Öl zugeben, alles durchmischen und in ca. 15 Minuten fertig garen – eventuell nochmals durchmischen.

2 Währenddessen den Dinkel nach Packungsanweisung zubereiten. Gelbe Bete waschen, schälen und putzen und in ganz feine Scheiben hobeln. Feldsalat putzen, waschen, trocken schütteln und eventuell etwas kleiner zupfen. Zwiebel längs halbieren und in schmale Streifen schneiden.

3 Den Mandeljoghurt mit 5–6 EL Orangensaft, Currypulver und Ahornsirup verrühren und mit Salz und Pfeffer würzen. Avocado längs halbieren, Schale und Kern entfernen, das Fruchtfleisch würfeln und in ein wenig Orangensaft wenden.

4 Übriges Öl in einer Pfanne erhitzen, darin die Zwiebel bei mittlerer Hitze goldbraun braten. Dinkel auf Schalen verteilen, Feldsalat darauf geben, Gelbe Bete, Avocado und das Ofengemüse daneben anrichten. Röstzwiebeln über alles verteilen und die Bowls mit der Mandel-Curry-Sauce servieren.

VEGANER JOGHURT

Veganen, ungesüßten Mandeljoghurt auf Basis von Mandeldrink (oder anderer Nussmilch) gibt es inzwischen in Bioläden zu kaufen.

OFEN

VEGAN

WALD-UND-WIESEN-BOWL

ZUTATEN

FÜR DIE PILZE

250 g braune Champignons

½ Knoblauchzehe

1 Zweig Rosmarin

Bratöl

FÜR DIE MANDELSAUCE

4 getrocknete, in Öl eingelegte Tomaten

½ Knoblauchzehe

3 EL Mandelmus

2 TL Hefeflocken

⅓ TL getrockneter Thymian

Salz – Pfeffer

AUSSERDEM

120 g Beluga-Linsen (ersatzweise Puy-Linsen)

2 Stangen Staudensellerie

8 Kirschtomaten

3 EL Haselnussblättchen

1 Bund Rucola

1–2 TL Rotweinessig

SO GEHT'S

1 In einem Topf ca. 500 ml Wasser erhitzen, darin die Linsen bei mittlerer Hitze zugedeckt ca. 25 Minuten garen. Sie sollten gar sein, aber noch Biss haben. Gegen Garzeitende salzen.

2 Währenddessen für die Mandelsauce die Tomaten abtropfen lassen und grob zerschneiden. Knoblauch schälen und grob hacken. Beides mit 3–4 EL möglichst kaltem Wasser, Mandelmus, Hefeflocken und Thymian fein pürieren. Mit Salz und Pfeffer würzen, eventuell noch Wasser unterrühren, damit eine dickflüssige Sauce entsteht.

3 Sellerie putzen (dabei einige Blätter beiseitelegen), waschen und trocken schütteln. Die Stangen längs halbieren, dann in kleine Stücke schneiden. Das Grün grob hacken. Tomaten waschen und halbieren. Haselnüsse in einer Pfanne ohne Fett rösten, bis sie duften, dann abkühlen lassen. Rucola waschen und trocken schütteln. Grobe Stiele wegschneiden, die Blätter je nach Größe eventuell kleiner zupfen.

4 Die Champignons putzen und je nach Größe halbieren oder vierteln. Den Knoblauch schälen und in Scheiben schneiden. Rosmarin waschen, trocken schütteln, Nadeln abzupfen und fein hacken. Ausreichend Öl in einer beschichteten Pfanne erhitzen, darin die Champignons mit dem Knoblauch bei großer Hitze braun braten. Salzen, pfeffern, Rosmarin unterrühren und noch 1–2 Minuten bei kleiner Hitze braten.

5 Die Linsen in ein Sieb abgießen und abtropfen lassen. Sofort mit Essig mischen und auf Schalen verteilen. Darauf die gebratenen Pilze (Knoblauch eventuell entfernen), Sellerie, Tomaten und Rucola geben. Alles mit der Mandelsauce beträufeln und mit Selleriegrün und Haselnussblättchen bestreuen.

VEGAN

APHRODITES BEAUTY **BOWL**

ZUTATEN

FÜR DAS PETERSILIENPESTO

40 g Mandeln

1 kleines Bund Petersilie (ca. 40 g)

½ Knoblauchzehe

½ Bio-Zitrone

80–100 ml Olivenöl

Salz – Pfeffer

FÜR DIE PAPRIKA

2 rote Spitzpaprika

½ Knoblauchzehe

3 Zweige Thymian

2 EL Olivenöl

Salz – Pfeffer

Saft von 1 Orange

AUSSERDEM

125 g Baby-Spinat

120 g Couscous (s. S. 7)

200 g Halloumi

Bratöl

2 EL kleine schwarze Oliven

SO GEHT'S

1 Für das Pesto Mandeln grob hacken und in einer Pfanne ohne Fett rösten, bis sie leicht bräunen, dann abkühlen lassen. Inzwischen Petersilie waschen, gut trocken tupfen, Blättchen abzupfen und grob schneiden. Knoblauch schälen und grob hacken. Zitrone heiß waschen, abtrocknen, Schale fein abreiben und den Saft auspressen. Mandeln, Petersilie, Knoblauch und ½ TL Zitronenschale mit 2 EL Zitronensaft und gut der Hälfte Olivenöl pürieren, dann nach und nach so viel Öl zugeben, bis die gewünschte Konsistenz erreicht ist. Mit Salz und Pfeffer würzen.

2 Die Paprika halbieren, putzen, waschen und in kleine Stücke schneiden. Knoblauch schälen und in Scheiben schneiden. Thymian waschen, trocken schütteln, Blättchen abzupfen und fein hacken. Öl in einer Pfanne erhitzen, darin Paprika und Knoblauch bei großer Hitze unter Rühren braten, bis die Paprika leicht bräunt. Thymian zugeben, salzen, pfeffern und mit gut der Hälfte Orangensaft ablöschen. Bei mittlerer Hitze 5–7 Minuten fertig garen, dabei nach und nach übrigen Orangensaft zugeben – er sollte am Ende vollständig verdampft sein.

3 Den Spinat waschen, verlesen und trocken schleudern. Den Couscous nach Packungsangabe zubereiten. Halloumi trocken tupfen und quer in 1 cm dicke Scheiben schneiden. Eine Grillpfanne dünn mit Öl bepinseln, erhitzen und den Käse darin beidseitig braten, bis er leicht gebräunt ist.

4 Couscous auf Schalen verteilen, darauf den Halloumi und den Spinat verteilen, beides mit Pesto beträufeln. Die Paprika und schwarze Oliven danebenlegen.

VEGETARISCH

ZUTATEN

FÜR DEN HUMMUS

1 Dose Kichererbsen (400 g Füllgewicht)

1 Knoblauchzehe

1 ½ EL Tahin (Sesammus)

Saft von ½ Zitrone

3–4 EL Olivenöl

¾ TL gemahlener Kreuzkümmel

je 3 Msp. Chili- und Kurkumapulver

Salz – Pfeffer

FÜR DIE ZUCCHINI

2 kleine Zucchini

Salz – Pfeffer

3 EL Olivenöl

FÜR DEN SPINAT

300 g Spinat

1 EL Olivenöl

1 EL Pinienkerne

1 EL getrocknete Berberitzen (alternativ getrocknete Sauerkirschen)

Salz – Pfeffer

AUSSERDEM

160 g Bulgur (s. S. 7)

1 Mini-Gurke

2 Tomaten

1 rote Spitzpaprika

100 g Schafskäse (Feta)

½ Zitrone

SO GEHT'S

1 Für den Hummus die Kichererbsen in ein Sieb abgießen, dabei die Einlegeflüssigkeit auffangen. Knoblauch schälen und fein hacken. In ein hohes Rührgefäß geben und mit den Kichererbsen, Tahin, Zitronensaft und Öl mit dem Pürierstab fein pürieren, dabei so viel von dem Einweichwasser zugeben, bis die gewünschte Konsistenz erreicht ist. Mit den Gewürzen, Salz und Pfeffer würzen. Anschließend ziehen lassen.

2 Den Bulgur, wie auf S. 7 beschrieben, zubereiten und eventuell warm halten. Inzwischen die Zucchini waschen, putzen und längs in ca. 4 mm dicke Scheiben schneiden. Salzen, in ein Sieb geben und Wasser ziehen lassen.

3 Gurke waschen und in Scheiben schneiden, Tomaten waschen und quer in Scheiben schneiden, Spitzpaprika waschen und in Ringe schneiden, dabei Samen und inneren Teil entfernen. Die Zitrone in 2 Spalten schneiden, Schafskäse würfeln.

4 Spinat waschen und verlesen. Olivenöl und Pinienkerne in einen Topf geben und unter Rühren erhitzen, bis die Pinienkerne leicht bräunen. Pinienkerne herausnehmen. Berberitzen und tropfnassen Spinat in den Topf geben und bei mittlerer Hitze zusammenfallen lassen, salzen, pfeffern und die Pinienkerne unterrühren. Vom Herd nehmen und zugedeckt warm halten.

5 Zucchini trocken tupfen, mit Olivenöl bestreichen und pfeffern. Eine Grillpfanne stark erhitzen, darauf die Zucchinischeiben portionsweise 2–4 Minuten pro Seite braten.

6 Bulgur auf Schalen verteilen, darauf Gurke, Tomate, Paprika und Schafskäse geben, daneben Spinat, Hummus und die Grillzucchini platzieren. Zitronenschnitze zum Beträufeln dazulegen.

SPINAT-HUMMUS-BOWL

VEGETARISCH

OTSU BOWL

ZUTATEN

FÜR DEN OFEN-TOFU

200 g Tofu

3 EL Sojasauce

1 EL Reis- oder Weißweinessig

1 kleine Knoblauchzehe

3 EL Speisestärke

FÜR DAS DRESSING

½ Bio-Limette

1 Stück frischer Ingwer (ca. 10 g)

3 EL Reis- oder Weißweinessig

4 EL Sojasauce

½ TL Ahornsirup

2 EL geröstetes Sesamöl

2–3 Msp. Chiliflocken

Salz

AUSSERDEM

150 g Soba-Nudeln

1 Mini-Gurke

6 Blätter Romanasalat

⅓ Bund Koriandergrün

2 Frühlingszwiebeln

2 EL Sesamsamen

SO GEHT'S

1 Den Tofu zwischen Küchenpapier gut ausdrücken. In Küchenpapier einschlagen, in einen tiefen Teller legen, mit einem Schneidebrett und Konservendosen beschweren. So 6 Stunden stehen lassen, nochmals trocken tupfen. Tofu in ca. 1 x 3 cm große Rechtecke schneiden. Sojasauce und Essig mischen, Knoblauch schälen und dazupressen und alles mit dem Tofu in einen Gefrierbeutel geben. Gut mischen, den Beutel verschließen und 6–12 Stunden marinieren, zwischendurch eventuell ein- bis zweimal durchmischen.

2 Den Backofen auf 200 °C (Umluft 180 °C) vorheizen. Tofu aus der Marinade nehmen und trocken tupfen. Stärke in einen tiefen Teller geben, Tofu darin wenden – er sollte dünn überzogen sein. Auf ein mit Backpapier ausgelegtes Blech legen und im Ofen (Mitte) 30–35 Minuten knusprig braten, dabei ein- bis zweimal wenden.

3 Inzwischen für das Dressing die Limette waschen, abtrocknen, die Schale abreiben und den Saft auspressen. Ingwer schälen und fein reiben. Limettenschale und Ingwer mit den übrigen Zutaten gründlich verrühren, mit 3–4 EL Limettensaft und Salz kräftig säuerlich abschmecken und ziehen lassen.

4 Soba-Nudeln nach Packungsangabe garen, in ein Sieb abgießen und kalt abbrausen, anschließend gut abtropfen lassen. Gurke waschen, längs vierteln und in kleine Stücke schneiden. Romanasalat waschen, trocken schütteln und die Blätter quer in Streifen schneiden. Koriandergrün waschen, trocken schütteln, Blättchen abzupfen und grob hacken. Frühlingszwiebeln putzen, waschen und mit dem Grün in feine Ringe schneiden.

5 Die Nudeln in einer Salatschüssel mit Gurke, Salat, Koriandergrün und Zwiebelringen (ein wenig von beidem zurückbehalten) und dem Dressing mischen. Tofu auf die Nudeln geben und mit den beiseitegelegten Zwiebelringen, Koriandergrün und Sesam bestreuen. Vor dem Essen alles gut durchmischen.

OFEN

VEGAN

STAR-OF-CYPRUS-BOWL

ZUTATEN

FÜR DIE HALLOUMI-PUFFER

150 g Halloumi

80 g Baby-Spinat

3 Frühlingszwiebeln

1 Ei (Größe M)

2 EL Semmelbrösel

2 Msp. Chilipulver

Salz – Pfeffer

Bratöl

AUSSERDEM

100 g Reis

4 EL ganze rote Linsen

Salz

1 Zucchini

1 Knoblauchzehe

300 g bunte Kirschtomaten (gelb, orange, rot)

2 EL Aceto balsamico

2 Zweige frische Minze

Saft von ½ Zitrone

2 EL Kapernäpfel

SO GEHT'S

1 In einem Topf 300 ml Wasser aufkochen, den Reis und die Linsen zugeben und salzen. Aufkochen und 1 Minute kochen lassen, dann zugedeckt bei kleinster Hitze 20–25 Minuten zugedeckt garen bzw. ausquellen lassen. Inzwischen die Zucchini waschen, putzen und längs in ganz feine Streifen hobeln, leicht salzen und ziehen lassen. Knoblauch schälen und in Scheiben schneiden.

2 Für die Puffer Halloumi trocken tupfen und auf einer Rohkostreibe grob raspeln. Spinat waschen und trocken schleudern. Etwa 50 g Spinat fein hacken, den Rest beiseitelegen. Frühlingzwiebeln waschen und putzen. Den weißen Teil längs vierteln und fein hacken, den grünen schräg in dünne Ringe schneiden. Den weißen Teil mit gehacktem Spinat, Halloumi, Ei und Semmelbröseln mischen, mit Chili, Salz und Pfeffer würzen. Dann mit den Händen zu einer glatten Masse vermengen.

3 Etwas Öl in einer beschichteten Pfanne erhitzen und je 1 gehäuften Esslöffel Halloumimasse hineingeben und jeweils sofort glatt streichen, ca. 3 Minuten braten, dann wenden und weitere 2–3 Minuten braten. Gleichzeitig Tomaten waschen und trocken tupfen. In einer zweiten Pfanne ausreichend Öl erhitzen, Tomaten und Knoblauch hineingeben, salzen, pfeffern und bei großer Hitze 3–4 Minuten braten, bis die Tomaten leicht aufplatzen. Mit Essig ablöschen, durchrühren und vom Herd nehmen.

4 Etwas Wasser zum Kochen bringen (z. B. im Wasserkocher). Die Zucchinistreifen in eine Schüssel geben und mit Wasser übergießen. 2 Minuten ziehen lassen, dann in ein Sieb abgießen und abtropfen lassen. In der Zwischenzeit die Minze waschen, trocken schütteln, die Blättchen abzupfen und fein hacken. Etwa die Hälfte davon mit Zucchini und 2 EL Zitronensaft mischen, alles mit Salz und Pfeffer würzen.

5 Den Linsenreis auf Schalen verteilen. Zucchinistreifen und den übrigen Spinat darauf verteilen, Tomaten samt Bratensaft, Halloumi-Puffer und abgetropfte Kapernäpfel daneben. Alles mit Frühlingszwiebelgrün und übriger Minze bestreuen.

VEGETARISCH

HOT-CHILI-NO-CARNE-BOWL

ZUTATEN

FÜR DIE TOMATENSALSA

2 Tomaten

1 kleine rote Zwiebel

2 EL gehacktes Koriandergrün

Salz – Pfeffer

Rohrohrzucker

1–2 TL Limettensaft

1 EL Olivenöl

FÜR DAS CHILI

1 Dose Kidney-Bohnen (400 g Füllgewicht)

1 kleine Zwiebel

1 Knoblauchzehe

1 EL Olivenöl

1 EL Tomatenmark

1 TL Chili-Gewürzmischung (für Chili con carne)

Salz

AUSSERDEM

120 g Langkornreis (s. S. 6)

1 Avocado

1 TL Limettensaft

Salz – Pfeffer

½ Romanasalat

1 Frühlingszwiebel

3 EL saure Sahne

SO GEHT'S

1 Für die Salsa die Tomaten halbieren, die Kerne mit einem Teelöffel entfernen und das Fruchtfleisch klein würfeln. Die Zwiebel schälen und grob würfeln. Beides mit Koriandergrün, Salz, Pfeffer, einer guten Prise Zucker und Limettensaft würzen, Öl untermischen und ziehen lassen.

2 Reis, wie auf S. 6 beschrieben, garen. Inzwischen die Bohnen in ein Sieb abgießen, dabei die Einweichflüssigkeit auffangen. Zwiebel und Knoblauch schälen und fein würfeln. Öl in einer kleinen Pfanne erhitzen, darin Zwiebel und Knoblauch goldgelb andünsten. Tomatenmark einrühren und kurz anrösten, dann Bohnen und etwas Einlegewasser zugeben. Mit Chiligewürz würzen. Offen 5 Minuten bei mittlerer Hitze garen, eventuell nochmals Einlegewasser zugeben – am Ende sollte die Flüssigkeit dick-sämig eingekocht sein – und mit Salz abschmecken.

3 Inzwischen Avocado halbieren, Stein und Schale entfernen. Das Fruchtfleisch längs in Spalten schneiden und sofort mit Limettensaft beträufeln, leicht salzen und pfeffern. Salat waschen, trocken schleudern und quer in Streifen schneiden. Frühlingszwiebel waschen, putzen und samt dem Grün in feine Ringe schneiden. Saure Sahne glatt verrühren und salzen und pfeffern.

4 Reis auf Schalen verteilen, Chili auf eine Seite geben, daneben Salatstreifen, Salsa und Avocado platzieren. Saure Sahne in die Mitte geben und alles mit Frühlingszwiebelringen bestreuen.

VEGETARISCH

BBQ-TEMPEH-BOWL

ZUTATEN

FÜR DEN BBQ-TEMPEH

200 g Tempeh

1 Knoblauchzehe

Bratöl

1 EL Ahornsirup

2 EL Sojasauce

4 EL Barbecue-Sauce (Smoke-Flavor)

FÜR DAS DRESSING

1 rote Chilischote

1 EL Ahornsirup

4 EL Limettensaft

3 EL Sojasauce

AUSSERDEM

100 g Reisnudeln

1 Möhre

1 rote Paprikaschote

60 g Baby-Leaves

2 Frühlingszwiebeln

½ Bund Koriandergrün

3 Stängel Minze

SO GEHT'S

1 Die Reisnudeln nach Packungsanweisung garen, anschließend in ein Sieb abgießen und abtropfen lassen, gegebenenfalls warm halten (s. Tipp). Inzwischen für das Dressing die Chilischote waschen, Stielansatz wegschneiden, die Schote längs halbieren, entkernen und fein hacken. Ahornsirup, Limettensaft und Sojasauce mischen, Chili unterrühren und ziehen lassen.

2 Die Möhre schälen und in feine Streifen (Julienne) hobeln oder mit dem Sparschäler längs lange, dünne Späne abziehen. Paprikaschote halbieren, putzen, waschen und längs in feine Streifen schneiden. Den Salat waschen und trocken schütteln. Frühlingszwiebeln putzen, waschen und mit dem Grün schräg in dünne Ringe schneiden. Koriandergrün und Minze waschen, trocken schütteln, die Blättchen abzupfen und grob hacken.

3 Tempeh in ca. 1 cm dicke Scheiben oder Stücke schneiden, Knoblauch schälen. In einer beschichteten Pfanne reichlich Öl erhitzen, darin den Tempeh beidseitig bei mittlerer bis großer Hitze 5–6 Minuten braten, bis er knusprig gebräunt ist. Aus der Pfanne nehmen und auf Küchenpapier abtropfen lassen.

4 Öl bis auf einen kleinen Rest aus der Pfanne gießen und neu erhitzen. Knoblauch hineinpressen und kurz andünsten. Ahornsirup, Sojasauce, knapp 100 ml Wasser und Barbecue-Sauce einrühren. Bei mittlerer Hitze dickflüssig einkochen lassen. Den Tempeh hineingeben und 2–3 Minuten darin ziehen lassen, dabei mehrmals wenden, dann vom Herd nehmen.

5 Reisnudeln auf Schalen verteilen, Salat, Möhren, Paprika, die Hälfte Frühlingszwiebeln und Kräuter darauf verteilen und mit dem Dressing begießen. Tempeh obenauf legen und mit den übrigen Frühlingszwiebeln und Kräutern bestreuen. Vor dem Servieren alles untereinander mischen.

SOMMERTIPP

Im Sommer kann man die Reisnudeln ruhig kalt servieren (dazu abkühlen lassen oder nach dem Kochen sofort in ein Sieb gießen und kurz mit kaltem Wasser abschrecken). Ansonsten schmecken sie natürlich auch warm oder lauwarm.

VEGAN

ZUTATEN

FÜR DIE OFENMÖHREN

je 1 große dicke rote, gelbe und orange Möhre

½ Knoblauchzehe

½ TL gemahlener Kreuzkümmel

1 TL gemahlener Koriander

2 Msp. Chiliflocken

1 EL Honig

2 EL Zitronensaft

1 ½ EL Olivenöl

Salz – Pfeffer

FÜR DIE KÄSECREME

100 g Ziegenfrischkäse

2 EL griechischer Joghurt

Salz – Pfeffer

1 TL Honig

2 Spritzer Zitronensaft

FÜR DAS PUNTARELLA-GEMÜSE

300 g Puntarella (s. Tipp)

½ Knoblauchzehe

2 EL Olivenöl

AUSSERDEM

125 g Hirse (s. S. 6)

80 g Baby-Mangoldblätter (Baby-Leaves)

2 EL gehackter Dill

SO GEHT'S

1. Für die Möhren den Backofen auf 220 °C vorheizen. Möhren schälen, einmal quer halbieren, dann längs vierteln. In eine kleine ofenfeste Form geben. Knoblauch schälen und in Scheiben schneiden. Gewürze mit Honig, Zitronensaft und Öl dazugeben und alles gut mischen, dann salzen und pfeffern. Im heißen Ofen (Mitte) 25–30 Minuten garen.

2. Inzwischen Hirse nach Packungsangabe zubereiten. Mangoldblätter verlesen, waschen und trocken schleudern. Für die Käsecreme Frischkäse und Joghurt glatt verrühren und mit Salz, Pfeffer, Honig und Zitronensaft würzen.

3. Puntarella waschen, äußere Blätter entfernen und in Triebe zerteilen, große dabei eventuell längs halbieren. Knoblauch schälen und in Scheiben schneiden. Öl in einer beschichteten Pfanne erhitzen, darin Puntarella und Knoblauch unter Rühren 2–3 Minuten bei starker Hitze braten, dann 3–4 EL Wasser zugeben und bei schwacher Hitze 3–5 Minuten fertig garen.

4. Hirse auf Schalen verteilen, darauf Mangoldblätter, Möhren, Puntarella und Käsecreme anrichten. Den gehackten Dill über die Käsecreme streuen.

AUSTAUSCHTIPP

In Bio-Märkten findet man Puntarella inzwischen häufiger, in manchen Gegenden wird er auch als „Vulkanspargel" angeboten. Zur Chicoréefamilie gehörig, schmecken die dicken Blütenknospen leicht bitter und sind magensaftfördernd. Wer ihn nicht bekommt, kann als Alternative natürlich auch ganz normalen Chicorée verwenden.

HAPPY-BUNNY-BOWL

OFEN

VEGETARISCH

TANDOORI-GOBI-**BOWL**

ZUTATEN

FÜR BLUMENKOHL & KICHERERBSEN

1 kleiner Blumenkohl (ca. 400 g)

200 g griechischer Joghurt (10 % Fettgehalt)

1 TL Tandoori-Gewürzpulver

2 EL Limettensaft

1 ½ EL Butterschmalz oder Ghee

1 Dose Kichererbsen (400 g Füllgewicht)

1 Knoblauchzehe

2 EL Olivenöl

1 TL Garam Masala (indische Gewürzmischung)

2 Msp. Chilipulver

Salz – Pfeffer

AUSSERDEM

125 g Reis (s. S. 6)

2 Tomaten

½ TL Kreuzkümmelsamen

1 Bund Koriandergrün

50 g Baby-Spinat

1 kleine rote Zwiebel

SO GEHT'S

1. Den Backofen auf 220 °C vorheizen, ein Blech mit Backpapier auslegen. Den Blumenkohl waschen, putzen und in mundgerechte Röschen teilen. 3 EL Joghurt mit Tandoori-Gewürzpulver und Limettensaft verrühren. Butterschmalz oder Ghee in einem Pfännchen schmelzen und unterrühren, dabei etwa 1 TL in der Pfanne lassen, Pfanne damit beiseitestellen. Blumenkohlröschen gut in der Mischung wälzen und auf eine Blechhälfte geben.

2. Die Kichererbsen in ein Sieb abgießen, kalt abbrausen und abtropfen lassen. Knoblauch schälen und halbieren. Eine Hälfte durchpressen und mit Olivenöl, Garam Masala, Chilipulver und Kichererbsen mischen. Mit Salz und Pfeffer würzen und die Kichererbsen auf der anderen Blechseite verteilen.

3. Das Blech mit Blumenkohl und Kichererbsen in den heißen Ofen (Mitte) schieben und alles 20–25 Minuten rösten, dabei einmal durchrühren, gegen Ende eventuell für 3–5 Minuten den Grill zuschalten, damit der Blumenkohl leicht bräunt. Der Blumenkohl sollte am Ende gar sein, aber noch Biss haben. Gleichzeitig den Reis, wie auf S. 6 beschrieben, zubereiten.

4. Inzwischen die Tomaten waschen, halbieren und das Innere samt Kernen mit einem Löffel entfernen. Das Fruchtfleisch in Würfel schneiden. Kreuzkümmelsamen zum Butterschmalz in die Pfanne geben und erneut langsam erhitzen, bis der Kreuzkümmel leicht knistert. Butterschmalz samt Kreuzkümmel mit den Tomaten unter den übrigen Joghurt rühren. Übrige Knoblauchhälfte dazupressen und mit Salz und Pfeffer würzen.

5. Koriandergrün waschen, trocken schütteln, Blättchen abzupfen und klein hacken. Etwa ein Drittel unter die Tomatenraita mischen. Spinat verlesen, waschen und trocken schleudern. Die Zwiebel schälen und in dünne Ringe schneiden.

6. Reis auf Schalen verteilen, Spinat, Tandoori-Blumenkohl und die Kichererbsen darauf verteilen. Tomatenraita in die Mitte geben, Zwiebelringe und Koriandergrün darauf anrichten.

VEGETARISCH

OFEN

SATÉ-STYLE-TOFU-BOWL

ZUTATEN

125 g Quinoa-Mix (s. S. 7)

300 g (Räucher-)Tofu

3 ½ EL Sojasauce

1 EL Olivenöl

350 g Brokkoli

2 Limetten

½ TL Rohrohrzucker (alternativ Ahornsirup)

4 EL Erdnussmus

2 TL Chilisauce (z. B. Sriracha)

1 rote Spitzpaprika

1 Möhre

1 Avocado

2–3 EL gehacktes Koriandergrün (nach Belieben)

SO GEHT'S

1 Quinoa, wie auf S. 7 beschrieben, zubereiten. Während die Quinoa gart, den Backofen auf 220 °C vorheizen, ein Blech mit Backpapier auslegen. Währenddessen den Tofu gut ausdrücken und in ca. 1,5 cm große Würfel schneiden. 1 EL Sojasauce mit Olivenöl mischen und den Tofu darin wenden.

2 Brokkoli waschen, putzen, Stiel schälen, längs halbieren und quer in 5 mm dicke Scheiben schneiden. Den oberen Teil in kleine Röschen brechen, große eventuell in knapp 1 cm breite Stücke schneiden. Limetten halbieren, von 3 Hälften den Saft auspressen, die übrige Hälfte vierteln und beiseitelegen. Den Zucker mit der restlichen Sojasauce und 5 EL Limettensaft verrühren, bis sich der Zucker gelöst hat. Erdnussmus und Chilisauce (wer es nicht so scharf mag, am besten erst weniger nehmen) unterrühren. Die Paste mit ca. 8 EL Wasser zähflüssig verrühren.

3 Knapp die Hälfte der Erdnusscreme in einen tiefen Teller geben, Brokkoli rundum darin wenden und gut in die Paste drücken, bis er vollständig mit der Paste überzogen ist. Den Brokkoli auf einer Seite des Blechs, den Tofu auf der anderen Seite flach verteilen. Im heißen Ofen (Mitte) ca. 20–25 Minuten garen, dabei beides einmal wenden bzw. durchrühren.

4 Inzwischen die übrige Erdnusssauce mit 4–5 EL Wasser verrühren und mit restlichem Limettensaft und eventuell nochmals Chilisauce abschmecken. Paprika längs halbieren, putzen und die Hälften quer in dünne Streifen schneiden. Möhre schälen, putzen und in feine Stifte (Julienne) hobeln. Avocado halbieren, Kern und Schale entfernen, die Hälften längs in Spalten schneiden und eventuell mit etwas Limettensaft beträufeln, damit sie nicht braun werden.

5 Die fertige Quinoa auf Schalen verteilen, darauf Brokkoli, Tofu, Möhren, Paprika und Avocado anordnen, nach Belieben mit Koriandergrün bestreuen und alles mit der Erdnusssauce servieren. Limettenviertel zum Beträufeln dazu reichen.

OFEN

VEGAN

KOREANISCHE REIS-BOWL

ZUTATEN

FÜR DAS OMELETT

2 Frühlingszwiebeln

4 Eier

1 TL gekörnte Instant-Gemüsebrühe

1 EL Sojasauce

Salz – Pfeffer

3 EL Sonnenblumenöl

2 Nori-Algenblätter

FÜR DEN SPINAT

300 g Spinat

1 Knoblauchzehe

1 EL helle Sesamsamen

1 TL Sonnenblumenöl

Salz – Pfeffer

1–2 TL geröstetes Sesamöl

AUSSERDEM

120 g Reis (s. S. 6)

1 dicke Möhre

200 g weißer Rettich

2 Frühlingszwiebeln

Sesamsamen und Chiliflocken zum Bestreuen (nach Belieben)

SO GEHT'S

1 Den Reis, wie auf S. 6 beschrieben, zubereiten. Inzwischen Möhre und Rettich schälen. Die Möhre mit dem Sparschäler in Spalten abziehen oder wie den Rettich in feine Stifte schneiden oder hobeln. Frühlingszwiebeln putzen, waschen, einmal quer, dann längs halbieren und samt Grün in feine Streifen schneiden.

2 Den Spinat waschen, verlesen und gut abtropfen lassen. Knoblauch schälen und fein hacken. Sesamsamen in einem Topf rösten, bis sie duften, dann herausnehmen. Sonnenblumenöl in den Topf geben, darin den Knoblauch andünsten. Spinat tropfnass zugeben, salzen, pfeffern und bei starker Hitze zusammenfallen lassen. In ein Sieb geben, abtropfen lassen, eventuell etwas ausdrücken und mit Sesamöl mischen.

3 Für das Omelett die Frühlingszwiebeln putzen, waschen, längs samt Grün in feine Streifen und diese in möglichst kleine Stücke schneiden. Mit den Eiern, dem Brühepulver, 2 EL Wasser und Sojasauce in einer Schüssel verrühren und leicht salzen und pfeffern. Die Hälfte des Öls in einer Pfanne erhitzen, die Hälfte der Eiermischung hineingeben und bei schwacher Hitze garen, bis sie leicht gestockt, aber noch feucht ist. Ein Algenblatt auflegen, leicht festdrücken und das Omelett von einer Seite zur anderen aufrollen, dabei immer gut andrücken. Aus der Pfanne nehmen und das zweite Omelett ebenso braten. Etwas abkühlen lassen, dann die Rolle quer in Scheiben schneiden.

4 Den Reis auf Schalen verteilen. Omelettschnecken auflegen. Den Spinat dazu geben, Rettich und Möhren daneben verteilen. Lauchzwiebelstreifen dazugeben und nach Wunsch alles mit Sesam und Chiliflocken bestreuen.

VEGETARISCH

ZUTATEN

FÜR DAS GEMÜSE

1 dicke Möhre

6 Radieschen

100 g Kräuterseitlinge

100 g Baby-Spinat

2 Knoblauchzehen

3 Frühlingszwiebeln

3 EL Sojasauce

Chiliflocken

2 EL geröstetes Sesamöl

Salz

1 EL Reis- oder Weißweinessig

Rohrohrzucker

2 EL Sonnenblumenöl

Pfeffer

FÜR DIE MISO-SAUCE

2 EL Miso-Paste

½ TL Chilisauce (z. B. Sriracha)

1 EL geröstetes Sesamöl

Rohrohrzucker

AUSSERDEM

150 g Reis (s. S. 6)

2 Eier

1 ½ EL schwarze Sesamsamen

SO GEHT'S

1 Die Möhre schälen und mit dem Sparschäler breite Streifen abziehen. Radieschen waschen, putzen und in Scheiben schneiden. Die Pilze säubern, den Stiel quer in 4 mm dicke Scheiben, den Hut ebenfalls quer in Scheiben schneiden. Den Spinat waschen und trocken schleudern. Knoblauch schälen und fein hacken, Frühlingszwiebeln waschen, trocken schütteln, dann den weißen und grünen Teil getrennt in dünne Ringe schneiden.

2 Die Möhre mit 1 EL Sojasauce, ⅔ TL Chiliflocken, einem Viertel des Knoblauchs, der Hälfte Zwiebelgrün, ½ EL Sesamöl und etwas Salz mischen und kräftig durchkneten. Radieschen mit Reisessig, 1 Prise Zucker, einem Viertel des Knoblauchs mischen.

3 In einer Pfanne 1 ½ EL Sonnenblumenöl erhitzen, darin die Pilze mit der Hälfte Knoblauch unter Rühren braten, bis sie leicht gebräunt sind. Dann salzen, pfeffern, vom Herd nehmen und mit gut der Hälfte des übrigen Zwiebelgrüns mischen. Pfanne säubern, dann ½ EL Sonnenblumenöl darin erhitzen, den übrigen Knoblauch und Spinat hineingeben und unter Rühren anbraten. Mit 2 EL Sojasauce ablöschen, weiterrühren, 3 EL Wasser zugeben und bei mittlerer Hitze 2–3 Minuten bissfest garen. Vom Herd nehmen, ½ EL Sesamöl und etwas Zwiebelgrün unterrühren. Das gesamte Gemüse gut durchziehen lassen – ideal ist 1 Stunde, ansonsten bis der Reis gegart ist.

4 Den Reis, wie auf S. 6 beschrieben, garen. Währenddessen Miso-Paste mit Chilisauce, Sesamöl, 3 EL Wasser und 1 Prise Zucker zu einer glatten Sauce verrühren. 1 TL weiße Zwiebelringe fein hacken und ebenfalls unterrühren.

5 Den gegarten Reis gegebenenfalls abgießen und warm halten. Übriges Sonnenblumenöl in einer beschichteten Pfanne erhitzen. Die Eier hineingeben und zu Spiegeleiern braten; das Eigelb sollte aber noch möglichst flüssig bleiben. Salzen und pfeffern.

6 Zum Servieren Reis auf Schalen verteilen, Sauce in die Mitte geben, darauf das Ei legen. Die einzelnen Gemüse rings um das Ei nebeneinander getrennt anordnen. Alles mit Sesamsamen und den übrigen Zwiebelringen bestreuen.

BIBIMBAP-BOWL

VEGETARISCH

ÜBER DIE AUTORIN

Tanja Dusy fühlt sich am wohlsten, wenn es in der Küche rundgeht. Sie schreibt seit 20 Jahren erfolgreich Kochbücher und war lange Zeit als Redakteurin tätig. Als Küchenprofi entwickelt sie Rezepte, die nicht nur verlässlich gelingen, sondern auch das besondere Etwas haben.

… NOCH MEHR TOLLE BÜCHER!

AROMENFEUERWERK – VEGETARISCH
ISBN 978-3-96093-281-9
34,00 € (DE) / 35,00 € (AT)

BOSH! EINFACH – AUFREGEND – VEGAN
ISBN 978-3-96093-205-5
22,00 € (DE) / 22,70 € (AT)

ZIEMLICH BESTE BURGER – VEGETARISCH UND VEGAN
ISBN 978-3-96093-001-3
15,00 € (DE) / 15,50 € (AT)

JA, ICH GRILL! – VEGETARISCH
ISBN 978-3-86355-885-7
20,00 € (DE) / 20,60 € (AT)

IMPRESSUM

Bibliografische Information der Deutschen Bibliothek.

Die Deutsche Bibliothek verzeichnet diese Publikation in der Deutschen Nationalbibliografie.

Detaillierte bibliografische Daten sind im Internet über http://www.dnb.de/ abrufbar.

EIN BUCH DER EDITION MICHAEL FISCHER

1. Auflage 2019

Cover, Layout und Satz: Luca Feigs

Projektleitung und Lektorat: Alexandra Baier

Bildnachweis: Nadja Buchczik, Bielefeld: S. 2, 3, 4, 6, 7, 9, 19, 21, 27, 29, 31, 33, 35, 37, 39, 47, 49, 51, 55, 57;
Klaus-Maria Einwanger, Rosenheim: S. 4, 11, 13, 15, 17, 23, 25, 41, 43, 45, 49, 53, 59, 61

Foodstyling: Anton Enns, Bielefeld: S. 2, 3, 4, 6, 7, 9, 19, 21, 27, 29, 31, 33, 35, 37, 39, 47, 49, 51, 55, 57

ISBN 978-3-96093-505-6

Gedruckt bei Polygraf Print, Čapajevova 44, 08001 Prešov, Slowakei

www.emf-verlag.de